BEI GRIN MACHT SICH IH
WISSEN BEZAHLT

- Wir veröffentlichen Ihre Hausarbeit,
  Bachelor- und Masterarbeit

- Ihr eigenes eBook und Buch -
  weltweit in allen wichtigen Shops

- Verdienen Sie an jedem Verkauf

Jetzt bei www.GRIN.com hochladen
und kostenlos publizieren

Bibliografische Information der Deutschen Nationalbibliothek:

Die Deutsche Bibliothek verzeichnet diese Publikation in der Deutschen National-
bibliografie; detaillierte bibliografische Daten sind im Internet über http://dnb.d-
nb.de/ abrufbar.

Impressum:

Copyright © 2017 GRIN Verlag, Open Publishing GmbH
Druck und Bindung: Books on Demand GmbH, Norderstedt Germany
ISBN: 9783668624214

Dieses Buch bei GRIN:

https://www.grin.com/document/388401

Anonym

Integration und Einsatz von Multimedia

GRIN Verlag

Wirtschaftsinformatik Hauptseminar

Integration: Multimedia

im Studiengang Wirtschaftsinformatik

vorgelegt dem
Fachbereich Mathematik, Naturwissenschaften und Datenverarbeitung der
Technischen Hochschule Mittelhessen

Abgabedatum: Wintersemester 2017/2018

Inhaltsverzeichnis

Abbildungsverzeichnis II

Abkürzungsverzeichnis III

1 Einleitung 1

   1.1 Motivation und Zielsetzung 1

   1.2 Vorgehensweise 2

2 Multimedia 3

   2.1 Begrifflichkeit 3

   2.2 Historische Entwicklung 5

3 Medien 8

   3.1 Information und Wissen 9

   3.2 Zeitunabhängige Medien 11

      3.2.1 Texte 11

      3.2.2 Bilder und Grafiken 12

   3.3 Zeitabhängige Medien 14

      3.3.1 Animation und Video 14

      3.3.2 Audio 16

4 Interaktivität 16

   4.1 Kommunikationskanäle 16

   4.2 Wahrnehmungskanäle 18

      4.2.1 Visuelle Wahrnehmung 18

      4.2.2 Auditive Wahrnehmung 20

5 Multimedia-System 20

   5.1 Integration 21

      5.1.1 Die Entwicklungsstufen von Multimedia 21

      5.1.2 Videotechnik und Audiotechnik 24

      5.1.3 Mediendesign 25

      5.1.4 Datenkompression 26

   5.2 Multimediale Anwendungen 27

      5.2.1 Offline Anwendungen 27

      5.2.2 Online Anwendungen 28

      5.2.3 Anwendungsbeispiele 29

6 Fazit 31

Literaturverzeichnis IV

Abbildungsverzeichnis

Abbildung 1: Die historische Entwicklung der Medien *5*
Abbildung 2: Das Memex System *6*
Abbildung 3: Die Aspen Movie Map *7*
Abbildung 4: Die Wissensgenerierung *9*
Abbildung 5: Kommunikation via Brief - Daten, Informationen und Wissen *10*
Abbildung 6: Beziehung zwischen Hypertext, Hypermedia und Multimedia *12*
Abbildung 7: Text-Bild Kommunikation *14*
Abbildung 8: Bestandteile einer Animation *15*
Abbildung 9: Kommunikationsmodell nach Shannon und Weaver *17*
Abbildung 10: Kommunikationsmodell nach Watzlawick *17*
Abbildung 11: Das sichtbare Licht für Menschen *19*
Abbildung 12: Der hörbare Bereich des Menschen *20*
Abbildung 13: Medienentwicklung im Schichtenmodell *21*
Abbildung 14: Multimedia Systeme im Vergleich *23*
Abbildung 15: Speicherplatzbedarf von Medien *26*
Abbildung 16: Die Onlineaktivität in Deutschland *28*
Abbildung 17: Lernmittel für Schüler *29*

Abkürzungsverzeichnis

ArchMac	Architecture Machine Group
AV	Analoge Videotechnik
CD	Compact Disc
DARPA	Defense Advanced Research Projects Agency
DV	Digitale Videotechnik
DVD	Digital Versatile Disc
HDTV	High Definition TV
HTML	Hypertext Markup Language
MA	Multimedia-Anwendung
MIDI	Music Instrument Digital Interface
MIT	Massachusetts Institute of Technology
MM	Multimedia
MS	Multimedia-System
MSe	Multimedia-Systeme
NTSC	National Television Standard Committee
PAL	Phase Alternation Line
ROM	Read-Only Memory
UHDTV	Ultra High Definition TV
WWW	World Wide Web

1 Einleitung

1.1 Motivation und Zielsetzung

Die gesellschaftliche Digitalisierung sowie der technologische Fortschiritt der Medien prägen zurzeit das Leben des einzelnen Bürgers. Man wird heutzutage ständig mit Medien bzw. mit Multimedia, kurz MM, konfrontiert. In Bildungseinrichtungen wie beispielsweise in Grundschulen und Gesamtschulen werden bereits Multimedia-Systeme, kurz MSe, eingesetzt. Sogar in Kindertagesstätten werden Tablets für pädagogische Zwecke eingesetzt. Laut der TAZ und Falenczyk wird das Bildungsministerium ab dem Jahr 2018 mit ca. fünf Milliarden Euro das digitale Klassenzimmer weiter finanzieren und fördern.[1]

Auch in anderen Brachen breitet sich die Digitalisierung aus. Dies fängt bereits beim „Papierlose Büro" an. Durch die Digitalisierung der Geschäftsprozesse sind viele Vorteile für Unternehmen und für den Endverbraucher entstanden. In der Gesundheitsbranche taucht öfters der Begriff E-Health auf, welches übersetzt, das elektronische Gesundheitswesen bedeutet. Unter diesen Begriff wird laut Fischer et al. der „[...] Einsatz von Informations- und Kommunikationstechnologien [...] im Rahmen von gesundheitsbezogenen Aktivitäten[...]"[2] verstanden. Demnach können beispielsweise Patienten auf ihre Gesundheitsbezogenen Daten mittels MSe elektronisch zugreifen und sogar mit Ärzten auf elektronischen Weg kommunizieren.

In privaten Haushalten macht sich die Digitalisierung auch bemerkbar. Nach und nach wird z. B. der klassische Briefverkehr durch die elektronische Mail abgeschafft. Die Kommunikationswege werden demnach digitalisiert. Laut einer statistischen Auswertung der Statista im Jahr 2012, werden digitale Kommunikationswege wie Emails und Soziale Netzwerke öfters als die klassischen Wege, wie beispielsweise Briefe und Postkarten, bevorzugt.[3] Unter anderem kann man heutzutage vielseitige MSe im Privathaushalt, zu denen Smart-TVs, Smartphones, Laptops bzw. PCs sowie ähnliche Medienträger wie beispielsweise Smart-Watches, Virtual-Reality-Brillen und moderne Spielekonsolen gehören, wiederfinden. Eines haben diese multimedialen Träger gemeinsam. Den Zugang ins Internet bzw. zum „World-Wide-Web", kurz WWW.

---

[1] Vgl. [Fale/2017]
[2] [FiKr/2016], S. 4
[3] Vgl. [Stat/2012]

1

Das Internet stellt laut Holzinger „[...] das erfolgreichste Informationssystem in der Geschichte der Menschheit [...]"[4] dar. Demnach kann man sagen, dass das Internet ein großer Träger für multimediale Inhalte darstellt. Mittels PCs oder ähnlichen Endgeräten, kann man sich mit dem Internet vernetzten und auf Medien im Internet zugreifen. In den Sozialen Netzwerken wie z. B. in Twitter, Facebook, Instagram, Tumblr etc., können Benutzer mittels multimedialer Daten, wie beispielsweise mit Bildern, Texten und Videos, mit anderen Benutzern, Informationen austauschen sowie Wissen weitergeben. Darüber hinaus bietet das WWW Zugänge auf diverse Datenbanken. Mit dem Internet werden heutzutage viele Onlinegeschäfte wie Online-Banking und Online-Shopping getätigt. Mit Online Datenbanken können wissenschaftliche Recherchen durchgeführt werden. Das Internet bietet vielseitige Funktionalitäten an und ist mit großen multimedialen Datenmengen befüllt.

Mit der Digitalisierung wuchs der Bedarf an multimedialen Daten parallel an. Daher muss man sich hinterfragen was genau der Begriff MM bedeutet bzw. für was dies genau eingesetzt wird. Die Seminararbeit hat demnach das Ziel den Begriff MM anhand von theoretischen Grundlagen zu definieren. Unter anderem soll anhand von Beispielen das Nutzen von MM dargestellt werden. Anhand der eben genannten Beispiele der Digitalisierung, wird im MM-Bereich ein positives Nutzen erwartet.

1.2 Vorgehensweise

Um den Einstieg zu erleichtern werden im ersten Kapitel Begrifflichkeiten, Definitionen sowie die Historische Entwicklung von Medien bzw. von MM beschrieben. Daraufhin werden im nächsten Kapitel die Medienarten vorgestellt. Im vierten Kapitel wird die Interaktivität zwischen den einzelnen Medien beschrieben, wobei auf die Kommunikations- sowie Wahrnehmungskanäle eingegangen wird. Das vorletzte Kapitel beschäftigt sich mit der technischen Integration der Medien in einem Multimedia-System, kurz MS. Weiterhin soll in diesem Kapitel Anwendungsarten sowie Beispiele gezeigt werden. Das letzte Kapitel soll die Arbeit kurz zusammenfassen und zum Ergebnis bringen.

---

[4] [Holz/2000], S. 205

2 Multimedia

In diesem Kapitel wird die Begrifflichkeit anhand von Definitionen beschrieben um die Bedeutung von MM herauszuschließen. Unter anderem soll in diesem Kapitel die historische Entwicklung von Medien bzw. von MM dargestellt werden.

2.1 Begrifflichkeit

Der Begriff MM ist ein zusammengesetzter Begriff welches sich aus dem lateinischen Wort „multus"[5], das „viel" und „zahlreich" bedeutet, und dem Wort „Medium"[6], welches als „Vermittler" bzw. „Träger von Informationen" darstellt, ableitet.

MM wird häufiger weiße nur mit einfachen Videoclips, Texten und Musik in Verbindung gebracht und wird daher leicht missbraucht. MM umfasst hingegen ein sehr breites Spektrum die laut Holzinger sogar bis in die Mathematik und Chemie reichen, beispielsweise bei der visuellen Darstellung von komplexen Formeln.[7] Laut Holzinger umfasst MM „[...] alle Medien, die von den menschlichen Sinnen erfasst werden können"[8].

Die Medien kann man unter anderem in zwei Bereiche unterteilen. Die Gesellschaftlichen Medien wie z. B. das Medium Zeitung oder Internet und die Technischen Medien wie beispielsweise das Medium Ton und Text. Bei dem letzteren wird der Fokus auf die Integrierbarkeit der Einzelmedien in Betracht gezogen. Die Integrierbarkeit der einzelnen Medien spielt bei MM eine entscheidende Rolle, den laut Hartmann liegt Multimedialität erst dann vor, wenn die einzelnen unterschiedlichen Medien in einem MS, wie dem Computer, integriert werden.[9] Ein Computer „[...] ist durch die rechnergesteuerte, integrierte Erzeugung, Manipulation, Darstellung, Speicherung und Kommunikation von unabhängigen Informationen gekennzeichnet, die in mindestens einem kontinuierlichen (zeitabhängigen) und einem diskreten (zeitunabhängigen) Medium kodiert sind"[10]. Die Zeitabhängigen Medien bzw. unabhängigen Medien werden im Kapitel 3 beschrieben.

---

[5] Vgl. [Pons/o.J. a]
[6] Vgl. [Dude/o.J.]
[7] Vgl. [Holz/2000], S. 5
[8] [Holz/2000], S. 5
[9] Vgl. [Hart/2008], S. 19
[10] [Stein/2000], S. 13

Die Technischen Medien kann man laut Steinmetz und der ISO Standards[11] weiter differenzieren. Der Autor nennt dabei sechs Unterscheidungen für das Medium, die im Folgenden, in Anlehnung an Steinmetz, beschrieben werden:[12]

1. Perzeptionsmedium: Beim Perzeptionsmedium spielen die Wahrnehmungskanäle des Menschen die primäre Rolle. Es muss hier hinterfragt werden, wie der Mensch die Informationen wahrnimmt z. B. mittels Hören oder Sehen. Die Wahrnehmung durch das Hören kann über die Musik, Sprachen sowie ähnliche Geräusche stattfinden und über das Sehen mittels Bilder, Videos sowie anderen visuellen Darstellungen.

2. Repräsentationsmedium: Hier wird die Information in einem MS codiert und integriert. Der Codierungsvorgang kann z. B. beim Text via ASCII[13] und beim einem Einzelbild mittels JPEG[14] oder PNG[15] erfolgen.

3. Präsentationsmedium: Das Präsentationsmedium unterscheidet Eingabe- und Ausgabemedien, sprich mit welchen Hilfsgeräten die Informationen eingegeben bzw. ausgegeben werden. Bei einem Computer wäre die Tastatur beispielsweise das Eingabegerät und der Bildschirm das Ausgabegerät.

4. Speichermedium: Beim Speichermedium werden die Information auf einem Datenträger gespeichert. Ein loses Blatt Papier kann dabei auch als Speichermedium angesehen werden, da die Informationen mittels schreiben auf das Blatt Papier aufgeschrieben werden und somit im übertragenem sinne gespeichert werden.

5. Übertragungsmedium: Diese Medien dienen für die Übermittlung von Informationen. Dies kann über Glasfasertechnik, über Metalle oder im Luftfreien und Luftleeren Raum geschehen. Beim WLAN z. B. verläuft die Übertragung via Funkverkehr.[16]

---

[11] Vgl. [ISO/1997]
[12] vgl. [Stein/2000], S. 8f
[13] Abkürzung für „American Standard Code for Information Interchange"
[14] Bildkompressionsnorm, Abkürzung für „Joint Photographic Experts Group"
[15] Bildkompressionsnorm, Abkürzung für „Portable Network Graphics"
[16] Vgl. [Netz/o.J.]

6. Informationsaustauschmedium: Das Informationsaustauschmedium ist ein Oberbegriff für die Übertragungsmedien und Speichermedien. Die gespeicherten Informationen werden dabei transportiert. Ein Beispiel hierfür wäre, dass ein Text, ein Bild oder andere Medien auf einem USB-Stick gespeichert werden und anschließend versendet werden.

Die ersten drei Bereiche der technischen Medien bezeichnet man auch als benutzerbezogene Medien und die letzteren drei als Verarbeitungsbezogene Medien.

2.2 Historische Entwicklung

Ab dem Jahr 1430 bis 1450 wurde das erste Buch gedruckt, welches als erstes Medium angesehen werden konnte. Daraufhin folgte im Jahr 1605 das Zeitalter der Zeitungen.[17] Nach den Printmedien kamen ab dem 18ten Jahrhundert die ersten elektrischen Medien zum Vorschein. Der elektrische Telegraph war eines der ersten Erfindungen in diesem Zeitalter. Danach wurde die Fotographie entwickelt sowie die ersten Telefonapparate. Im nächsten Jahrhundert folgte schließlich die Rundfunktechnik mit dem Radio und hinterher die Fernsehtechnik mit dem ersten Tonfilm. Mit der Zeit wurde diese Technik um den Farbfilm erweitert.[18] Mit der Entwicklung der ersten Computer ab dem Jahr 1945 und der Entwicklung des Internets ab den 80er Jahren, wuchs das Datenaufkommen der unterschiedlichsten Medien rasant an. Dieses Zeitalter kann man auch als Geburtsstunde der Massenmedien nennen.

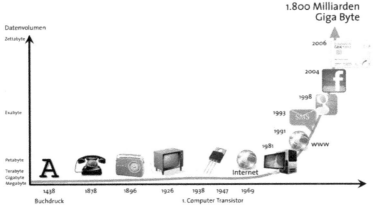

Abbildung 1: Die historische Entwicklung der Medien
Quelle: [Bitk/2012], S. 12

---

[17] Vgl. [Hama/2008]
[18] Vgl. [Mose/2010], S. 53

5

In Abbildung 1 wird die historische Entwicklung der Medien visuell dargestellt. Auffällig ist hierbei, dass ab der Entwicklung des Internets bzw. des Computers, die Kurve steil nach oben verläuft. Durch die Integration vieler Medien in einem MS, ist das Datenaufkommen dementsprechend parallel angewachsen. Unter anderem kann man hier von Big Data reden. Big Data ist demnach die „[...] technische Erscheinungsform der Digitalisierung [...]"[19] und von MM.

Die erste Vision eines MS stammte von Vannevar Bush[20], einen ein US-Amerikanischen Ingenieur. Im Jahr 1945 beschrieb er das Memex[21] System, welches übersetzt als „[...] Erweiterung des menschlichen Geistes"[22] angesehen werden konnte.

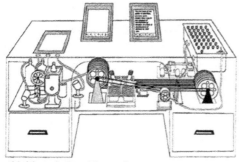

Abbildung 2: Das Memex System
Quelle: [Münz/2009]

Das Memex System soll Medien wie Bücher, Zeitungen, Texte und Bilder auf einem Mikrofilm abspeichern. Diese Medien können daraufhin mithilfe von Codeeingaben aufgerufen werden. Für die Übersichtlichkeit soll dabei ein Codebuch behilflich sein. Das besondere Merkmal des Systems war es, Medien mit anderen Medien zu verknüpfen, sie zu ändern, Anmerkungen hinzuzufügen und schließlich diese erneut mit einem neuen Code abzuspeichern.[23]

Nach der ersten Vision eines MS, entwickelte die Architecture Machine Group (ArchMac), eine Organisation des Massachusetts Institute of Technology (MIT), eines der ersten MSe für das amerikanische Verteidigungsministerium.

---

[19] [BaKe], S. 137
[20] Vgl. [Vann/1945]
[21] Abkürzung für „Memory Extender"
[22] [Henn/2007], S. 21
[23] Vgl. [Münz/2009]

Das Defense Advanced Research Projects Agency, kurz DARPA, ist eine Behörde des amerikanischen Verteidigungsministeriums welche im Jahr 1976 erste Projektvorschläge für ein MS seitens der MIT bekommen hatte.[24] Es wurde das „DARPA-Multimedia-Mail-System" eingeführt indem man via ARPANET[25], welches als Vorläufer des Internets angesehen werden kann[26], kommunizieren konnte. Laut Wegener gilt dieses System als „[...] eines der ersten Multimedia-Kommunikationssysteme"[27]. Laut dem Autor konnte man mit diesem Mailsystem, ähnlich wie die heutigen Mailarchitekturen, Texte, Grafiken und sogar Töne anhängen.[28]

Im Jahr 1978 wurde seitens der MIT und der ArchMac eine weitere Multimedia-Anwendung, kurz MA, die Aspen Movie Map, vorgestellt.[29] Durch verschiedene Fahrten quer durch die amerikanischen Stadt Aspen, wurden Filme von den Straßen, Sehenswürdigkeiten und den Gebäuden gedreht und erstellt. Diese Filme wurden anschließend zusammengesetzt und in einem System integriert, wobei der Benutzer innerhalb des Films durch Bildschirmberührungen navigieren konnte.[30]

Abbildung 3: Die Aspen Movie Map
Quelle: [Youn/2010]

In Abbildung 3 ist das System dargestellt wobei eine Ähnlichkeit zu dem heutigen „Google StreetView" zu erkennen ist.

---

[24] Vgl. [Henn/2007], S. 22
[25] Abkürzung für „Advanced Research Projects Agency Network"
[26] vgl. [Eden/o.J.]
[27] [Wege/1991], S.109
[28] Vgl. [Wege/1991], S. 109f
[29] Vgl. [Henn/2007], S. 22
[30] Vgl. [Wool/1992], S. 26

Laut MTKM kann man die Movie Map Anwendung als ein Vorläufer von Google StreetView ansehen.[31] Unter anderem gilt die Aspen Movie Map „[...] als erste interaktiv navigierbare virtuelle Raumdarstellung[...]"[32] -Anwendung.

Mitte der 80er Jahre wurde schließlich im MIT die Forschungseinrichtung, MIT Media Laboratory, eröffnet.[33] Die Hauptaufgaben der Forschungseinrichtung sind die Entwicklungen neuer MM-Technologien sowie Forschungen in diesem Bereich. Dazu arbeitet die Einrichtung weltweit an viele Projekten wie z. B. das „CityScope"-Projekt im Kleinstaat Andorra. Mit dem CityScope-Projekt wird die Landschaft in einem 3D-Modell in Echtzeit simuliert. Diese Simulationen steht für die Öffentlichkeit sowie für Stadtplaner frei zur Verfügung.[34]

Bisher wurden MSe für Behörden und staatliche Institutionen eingesetzt. Erst mit der weltweiten Vernetzung durch das Internet und der Entwicklung des WWW im Jahr 1989[35], hatte auch die Öffentlichkeit nach und nach die Möglichkeit auf multimediale Inhalte aus dem Netz zuzugreifen. Erst ab der Entwicklung des „Web-Browser Mosaic" im Jahr 1993[36], gab es ein Durchbruch an Massenmedien, worauf jeder Benutzer zugreifen konnte. Demnach kann man es auch als Geburtsstunde der Massenmedien nennen.[37] Ab diesen Zeitpunkt wurde schließlich der Begriff MM in der Öffentlichkeit populär, woraufhin es im Jahr 1995 zum „[...] Wort des Jahres in Deutschland"[38] gekürt wurde. Ab diesem Zeitpunkt ging es für MM steil nach oben. Durch den technologischen Fortschritt z. B. bei der Entwicklung von neuwertigen PCs oder durch die Entwicklung von tragbaren MS wie Smartphones und Tablets, hat MM bis zum heutigen Zeitpunkt an Aufschwung dazu bekommen.

3 Medien

Das Kapitel Medien beginnt mit dem Kapitelabschnitt Informationen und Wissen. Medien sind Träger von Informationen. Diese wiederrum bilden in einem Kontext die Basis für das Wissen. Für den weiteren Verlauf dieser Seminararbeit müssen dabei diese Begrifflichkeiten vorerst beschrieben und definiert werden.

---

[31] Vgl. [MTKM/2009]
[32] [Naim/2013], S. 453
[33] Vgl. [Henn/2007], S. 22
[34] Vgl. [Kien/2017]
[35] Vgl. [Henn/2007], S. 22
[36] Vgl. [Henn/2007], S. 23
[37] Vgl. [Bage/2010]
[38] [Henn/2007], S. 23

Wie bereits aus der Definitionen im Kapitel Begrifflichkeiten hervorgegangen ist, soll im nächsten Kapitelabschnitt die Zeitunabhängigen sowie die Zeitabhängigen Medien beschrieben werden. Diese Medien werden später für die Integration in einem MS bzw. Anwendung benötigt.

3.1 Information und Wissen

Wie bereits in der Einführung beschrieben worden ist, dienen Medien zum Transport von Information. Wissen entsteht durch die Ansammlung von Informationen und Daten. Daher kann man die Information als eine Art Rohstoff sehen die zur Weiterverarbeitung dient. Unter anderem kann man laut Bauer et al. die Informationen, als eines der wirtschaftlichen Produktionsfaktoren hinzuzählen.[39]

Abbildung 4: Die Wissensgenerierung
Quelle: Eigene Darstellung in Anlehnung an [Nort/2011], S. 36

In Abbildung 4 ist die Wissensgenerierung visuell dargestellt. Hier kann man deutlich erkennen, dass Informationen durch verschiedene Daten entstehen können. Daten wiederrum entstehen z. B. durch eine syntaktische Aneinanderreihung von Zeichen und Buchstaben. Wird beispielsweise ein Brief geschrieben, stellen die einzelnen Buchstaben, Zeichen und Bilder, die Daten dar. Diese Daten können dann anschließend vom Sender bzw. von einem Briefempfänger interpretiert werden, um aus den Daten schließlich Informationen herauszufiltern. Der Brief stellt hierbei das Medium dar, welches die Information vom Sender zum Empfänger transportiert. Der Empfänger kann schließlich anhand dieser Informationen, Wissen generieren. Auf der elektronischen Ebene wäre z. B. beim Verfassen einer E-Mail, die E-Mail an sich das Medium. Daten wie Buchstaben, Zeichen und Bilder würden in diesen Fall vom Sender-PC codiert in Form von Bits, versendet. Die Daten bzw. Informationen werden anschließend beim Empfänger-PC decodiert und abgebildet.[40]

[39] Vgl. [BaGü/2013], S. 6
[40] Vgl. [Beck/2013], S. 22f

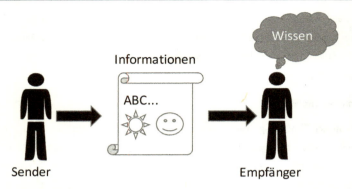

Abbildung 5: Kommunikation via Brief - Daten, Informationen und Wissen
Quelle: Eigene Darstellung

In Abbildung 5 ist ein Beispiel für die Wissensgenerierung dargestellt. Hier wird mittels eines Medium kommuniziert und Informationen übertragen. Das Beispiel kann man in fünf Bereiche unterteilen

1. Bereich: Das Medium für den Informationstransport wird ausgewählt. Ein Text bestehend aus Buchstaben und Zeichen wird geschrieben. Unter anderem werden Bilder, wie eine Sonne und ein Smiley, hinzugefügt.

2. Bereich: Das Medium wird auf Postalischen Weg oder in codierter elektronischer Form versendet.

3. Beriech: Der Empfänger empfängt die Nachricht und decodiert den Inhalt. Anschließend interpretiert der Empfänger anhand der Daten die Informationen heraus, um den „Bedeutungsgehalt" zu messen. „In der Kommunikationswissenschaft versteht man unter zwischenmenschlicher Kommunikation [...] [den][41] Austausch von Bedeutungsgehalten zwischen zwei und mehreren Personen [...]"[42].

---

[41] Einschub durch den Autor
[42] [Püre/2014], S. 68

4. Bereich: Nachdem die Nachricht interpretiert wurde, nimmt der Empfänger diese Informationen wahr und verarbeitet diese. Durch Erfahrungen und Erkenntnisse kann dadurch das Wissen generiert werden. Lautet die Information beispielsweise: *„Heute ist ein sonniger Tag. Möchtest Du Fußball spielen?"*; wäre zum einen die Information, das es heute ein sonniger Tag ist und zum zweiten, das Fußball gespielt wird. Der Empfänger kann hierbei beispielsweise eine Absage erteilen, da er z. B. bis jetzt keine guten Erfahrungen mit Fußball gemacht hatte. Hier findet die Wissensgenerierung statt, indem der Empfänger anhand der Informationen und durch seine Wahrnehmung und Erfahrungen eine Absage erteilt.

3.2 Zeitunabhängige Medien

3.2.1 Texte

Zeitunabhängige Medien, auch statische Medien genannt, sind Medien die in der Wahrnehmung des Menschen konstant bleiben.[43] In einer MA sind diese Medien unveränderbar, daher nennt man solche Medien auch diskrete Medien.[44]

Texte bzw. Schriftzeichen entstanden vor 6000 Jahren v. Chr.. Die maschinelle Überführung in Buchform kam erst mit der Einführung des Buchdrucks.[45] Texte bestehen aus Buchstaben und Zeichen und dienen „[...] zur Speicherung und Weitergabe von Informationen"[46]. Laut Steinmetz wird durch das Schreiben von Informationen das eigene Wissen in einem Text wiedergegeben.[47] Demnach kann anhand von Texten, Wissen bzw. Informationen, ausgetauscht werden. Die Informationsübertragung kann wie in Abbildung 5 dargestellt worden ist, auf Papier oder auf elektronischen Weg geschehen. Schließlich kann man sagen, dass das Medium Text, als ein zentrales Element in einer MA darstellt. Bei der Informationsvermittlung mittels Texten wird laut Steinmetz unter linearer und nichtlinearer Informationsverkettung unterschieden.[48]

---

[43] Vgl. [GrBe/1995], S. 4
[44] Vgl. [Lehn/2001], S. 58
[45] Vgl. [Henn/2007], S. 45
[46] [Lehn/2001], S. 59
[47] Vgl. [Stein/2000], S. 698
[48] Vgl. [Stein/2000], S. 699-701

Im Folgenden werden diese beschrieben:

- Lineare Informationsverkettung: Bei der linearen Informationsverkettung bauen die Informationen auf einander auf, sprich der Autor gibt einen Leitfaden vor wobei die Informationen und das Wissen aufeinander aufbauen.

- Nichtlineare Informationsverkettung: Hier wird die Reihenfolge des Lesens bzw. der „Lesepfad"[49] vom Leser entschieden. Der Leser kann beispielsweise von Kapitel zu Kapitel springen ohne Vorkenntnisse von den vorherigen Kapiteln zu kennen.

Ein Text bzw. ein Dokument kann mit einem Computer mit anderen Texten bzw. Dokumenten verknüpft werden. Dies sind sogenannte Hypertexte.[50] Mittels Verknüpfungen z. B. durch Hyperlinks kann man von Dokument zu Dokument wechseln. Ein Beispiel hierzu wäre die Webseite „Wikipedia". Erweitert man ein Hypertext mit Tönen, Bildern oder visuellen Animationen spricht man von Hypermedia.[51] Hypermedia kann man als Schnittstelle zwischen Hypertexten und MM ansehen. Abbildung 6 verdeutlicht dies visuell.

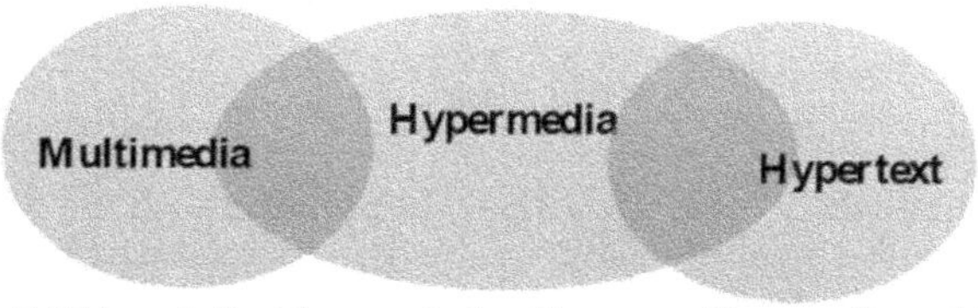

Abbildung 6: Beziehung zwischen Hypertext, Hypermedia und Multimedia
Quelle: Eigene Darstellung in Anlehnung an [Stein/2000], S. 702

Ein Dokument aus dem Internet wird demnach in einem Hypermedia System integriert und mittels HTML[52], beschrieben.[53]

3.2.2 Bilder und Grafiken

Bilder und Grafiken gehören wie Texte zu den statischen Medien d. h. sie bleiben in einem MS konstant. Man kann zwischen zwei Arten von Bildern unterscheiden.

---

[49] Vgl. [Stein/2000], S. 700
[50] ebda., S. 700
[51] Vgl. [Lehn/2001], S. 60
[52] Abkürzung für „Hypertext Markup Language"
[53] Vgl. [Stein/2000], S. 724

Die einen stammen aus der realen und die anderen aus der virtuellen Welt.[54] Ein Bild besteht dabei aus „[...] n Zeilen mit m Bildpunkten in einem Raster"[55]. Dabei unterscheidet man zwischen einem Schwarzweißbild, Graustufenbild und einem Farbbild.[56] Die Bild Arten unterscheiden sich unter anderem nach der Dateigröße sowie der Darstellungsqualität. Dies kann für ein MS eine erhebliche Rolle spielen, da Farbbilder beispielsweise in der Regel einen höheren Speicherbedarf benötigen als Bilder die in Schwarzweiß vorliegen. Eine Grafik hingegen besteht aus grafischen Primitiven wie z. B. aus zwei- oder dreidimensionalen Objekten, Rechtecke und Kreise, sowie aus deren Attributen.[57] Attribute kümmern sich um die Eigenschaft der Grafiken, wie beispielsweise die Linienstärke und Farbe.

Laut Lehner gehören Bilder zu den wichtigsten Medien in einer MA, da sie laut dem Autor einen hohen Informationsgehalt besitzen.[58] Laut dieser Behauptung kann man rückschließen, dass Bilder einen höheren Informationsgehalt besitzen als gewöhnliche Texte. Unter anderem sagt man Umgangssprachlich, dass „Bilder mehr als tausend Worte sagen" können. Ein Bild kann dabei informativ sein und auf kommunikativer Ebene beim Betrachter verschiedene Emotionen auslösen wie z. B. Lebensfreude und Trauer.[59] Bilder sind demnach eine Bereicherung für eine MA. Dazu „[...] erfüllen [Bilder und Grafiken][60] die Erwartungshaltung des Anwenders [...], veranschaulichen die zu kommunizierenden Inhalte und steigern damit die Behaltenswerte"[61].

[54] Vgl. [Stein/2000], S. 47
[55] [Holz/2000], S. 132
[56] Vgl. [Holz/2000], S. 133
[57] Vgl. [Stein/2000], S. 47
[58] Vgl. [Lehn/2001], S. 66
[59] Vgl. [BüSc/2013], S. 92f
[60] Einschub durch den Autor
[61] [FrLi/1997], S. 154

Abbildung 7: Text-Bild Kommunikation
Quelle: Eigene Darstellung in Anlehnung an [FrLi/1997], S. 154

In Abbildung 7 ist ein klassisches Beispiel für eine Kommunikation mit Bildern. Anfangs kommuniziert der Sender über eine Thematik welches aber vom Empfänger nicht verstanden wird. Mithilfe einer Beschreibung kann dem Empfänger die nötigen Informationen vermittelt werden, reicht dieser Informationsgehalt nicht aus, kann ein Bild, in diesem Fall ein Auto, den Informationsgehalt dementsprechend steigern. Der Empfänger hätte dadurch eine bildliche Vorstellung vom Inhalt.

3.3 Zeitabhängige Medien

3.3.1 Animation und Video

Bei Zeitabhängige bzw. kontinuierlichen Medien wie z. B. bei den Animationen und Videos, sind die Medien innerhalb einer MA veränderbar.[62] Die Wahrnehmung des Empfängers variiert demnach nach dieser Veränderung.

Das Wort Animation kommt aus dem lateinischen „animare"[63], welches übersetzt, das „ins Leben erweckte"[64], bedeutet. Demnach kann man herausschließen das einzelne Medien zum Leben erweckt werden können wie z. B. Bilder. Laut Henning ist eine Animation eine logisch, zeitlich und räumlich zusammenhängende Bildfolge.[65] Demnach besitzen Animationen eine gewisse Bewegungs- und Änderungsdynamik die der Mensch wahrnimmt.[66] Eine Animation bzw. ein Video hat den Vorteil, dass Informationen besser vom Empfänger aufgenommen werden können.

---

[62] Vgl. [GrBe/1995], S. 4
[63] Vgl. [Pons/o.J. b]
[64] Vgl. [Pons/o.J. b]
[65] Vgl. [Henn/2007], S. 173
[66] Vgl. [Stein/2000], S. 103

Ein Standbild kann ein Sachverhalt nicht immer vollständig erklären, wobei eine Animation durch seine Bewegungs- und Änderungsdynamik dem Empfänger dies besser veranschaulichen kann.[67] Ein Bild eines Autounfalls könnte demnach nicht den Unfallverursacher zum Vorschein bringen. Eine Videoaufnahme oder eine Animation über den Unfall, könnte dem Betrachter den Werdegang besser veranschaulichen.

Eine Animation entsteht, wenn viele Einzelbilder, die sogenannten Frames, in einem zusammengefügt werden.[68] In Abbildung 8 sind diese in den blauen Kästchen dargestellt.

Abbildung 8: Bestandteile einer Animation
Quelle: Eigene Darstellung in Anlehnung an [Henn/2007], S. 174

Eine gesamte Animation besteht aus dem Movie, welches in viele Videoclips und diese wiederrum in Frames aufgeteilt ist. Darüber hinaus können einzelne Videoszenen sowie Frames mit Übergängen z. B. visuelle Überblendungen versehen werden. Diese stellen die gelben Kästchen in Abbildung 8 dar.[69] Eine Animation kann neben einer zweidimensionalen Ebene, auch auf einer dreidimensionalen Ebene animiert werden. Dies erfordert aber laut Bühler und Schlaich einen erheblichen Aufwand, da man spezielle Software und das nötige Know-how benötigt.[70]

Zwischen Animationen und Videos gibt es unter anderem auch Unterschiede. Man spricht von Videos, wenn die Bildfolge beim Empfänger ohne ein „rukeln" und „flimmern" wahrgenommen wird.[71] Laut Holzinger spricht man von Videos, wenn eine Frequenz von 24 Bildern pro Sekunde und höher vorliegt.[72] Unter anderem unterscheidet man bei Videos, genau wie bei den Bildern, zwischen Videos die in der realen Welt aufgenommen wurden und Videos die virtuell erstellt worden sind.

---

[67] Vgl. [FrLi/1997], S. 156
[68] Vgl. [Stein/2000], S. 104
[69] Vgl. [Henn/2007], S. 174
[70] Vgl. [BüSc/2013], S. 135
[71] Vgl. [Lehn/2001], S. 72
[72] Vgl. [Holz/2000], S. 184

3.3.2 Audio

Das Wort Audio stammt aus dem lateinischen „audire" und bedeutet „hören".[73] Demnach kann man sagen das Auditive Medien durch das hören wahrgenommen werden. Audios werden oft mit Videos bzw. Bildern in Verbindung gebracht um den Informationsgehalt in einem MS zu erhöhen. Diese physikalische Kombination wird dann meistens in einer Datei abgespeichert.[74] Medien können unter anderem durch Audios bzw. durch Soundeffekte an Attraktivität dazugewinnen. Laut Fröbisch et al. muss dabei geachtet werden, dass die Soundeffekte effektiv und genau eingesetzt werden, da das Audio falsch vom Empfänger interpretiert werden könnte.[75]

4 Interaktivität

Die Interaktivität beschreibt die Wechselbeziehungen zwischen dem Anwender und einem MS. Durch verschiedene Kommunikationskanäle werden Informationen mittels Medien in einem MS zum Empfänger transportiert. Der Empfänger wiederrum nimmt diese Informationen anhand verschiedener Wahrnehmungskanäle auf.

Demnach soll in diesem Kapitel die unterschiedlichen Kommunikationskanäle anhand von Modellen sowie die Wahrnehmungskanäle auf visueller und auditiver Ebene, beschrieben werden.

4.1 Kommunikationskanäle

In den Kapiteln davor wurden bereits einige Kommunikationsbeispiele dargestellt. Die Kommunikationsmodelle die bisher vorgestellt wurden, ist aus der Kommunikationstheorie von den Mathematikern „Claude Elwood Shannon und Warren Weaver"[76] zurückzuführen.

---

[73] Vgl. [Pons/o.J. c]
[74] Vgl. [Lehn/2001], S. 83
[75] Vgl. [FrLi/1997], S. 229
[76] Weiterführende Literatur in: [Shan/1948] und [ShWe/1949]

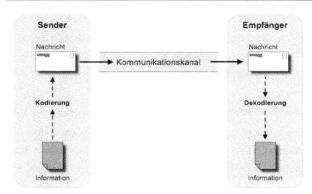

Abbildung 9: Kommunikationsmodell nach Shannon und Weaver
Quelle: [MeSa/2009], S. 11

Das Kommunikationsmodell, welches in Abbildung 9 dargestellt ist, ist heutzutage noch von Bedeutung. Jede Nachricht die auf elektronischem Weg versendet wird benutzt diese Art von Kommunikation. Eine elektronische Nachricht wird hierbei vom Sender-Computer codiert und vom Empfänger-Computer decodiert.

Laut Bühler und Schlaich besitzt die Nachricht, nach dem Modell von Shannon und Weaver keine Inhaltliche Bedeutung. Das Modell würde lediglich nur die technische Übertragung sowie die Codierung und Decodierung vom Sender und Empfänger, beschreiben.[77] Anders zum Modell von Shannon und Weaver, wird im Modell von „Paul Watzlawick"[78] der inhaltliche Aspekt mit beeinflusst.

Abbildung 10: Kommunikationsmodell nach Watzlawick
Quelle: [BüSc/2013], S. 7

Dieses Kommunikationsmodell, welches in Abbildung 10 dargestellt ist, befasst sich mit drei Bereichen, die in Wechselbeziehungen zu einander stehen.

---

[77] Vgl. [BüSc/2013], S. 6
[78] Weiterführende Literatur in: [Wa++/1969]

Der Syntaktik Bereich entspricht dem Modell von Shannon und Weaver und ist für die technische Übertragung der Nachricht zuständig.[79] Der semantische Bereich bezieht sich auf den Inhalt der Nachricht und der pragmatische Bereich, bezieht sich auf das Verhalten der Kommunizierenden und auf deren Beziehung zueinander.

Die Kommunikation zwischen Menschen kann wie eben beschrieben durch ein MS erfolgen, indem man beispielsweise eine E-Mail versendet oder durch die natürliche Mensch-zu-Mensch Kommunikation. Die Luft wäre in diesem Sachverhalt das Übertragungsmedium. Der Sender überträgt die Informationen auf einer verbalen z. B. durch die Sprache oder durch eine nonverbale Art z. B. durch Zeichen. Der Empfänger empfängt die Nachricht schließlich mit seinem Ohr. Diese Art von Kommunikation nennt man unter anderem „[...] interpersonale Kommunikation [...] [welches][80] für den Menschen [eine][81] wichtige und grundlegende soziale Interaktion [...]"[82] darstellt.

Eine andere Art der Kommunikation ist die Mensch-zu-Maschine Kommunikation, indem der Mensch mit dem MS kommuniziert. Diese Art von Kommunikation wird unter anderem als „Human-Computer-Interaction"[83] bezeichnet. Ein Beispiel hierfür wäre eine Datenbankabfrage. Man könnte beispielsweise Querys definieren die hinterher durch eine Abfrage, die nötigen Informationen auf den Bildschirm ausgibt. Ein anderes Beispiel wäre die von Apple entwickelte Sprachassistenz „Siri". Man kann durch eine verbale Kommunikation mit seinem Smartphone, indem Fall mit einem IPhone, kommunizieren. Fragt man nach dem Wetter in der Stadt Frankfurt, antwortet Siri in einer verbalen Form und gibt die nötigen Informationen.[84]

4.2 Wahrnehmungskanäle

4.2.1 Visuelle Wahrnehmung

In einem MS werden unterschiedliche Medien durch die Wahrnehmungskanäle des Menschen verschieden wahrgenommen. Die Wahrnehmung erfolgt dabei durch die Sinne des Menschen d. h. durch das hören, sehen, schmecken, riechen und das fühlen.

---

[79] Vgl. [BüSc/2013], S. 7
[80] Einschub durch den Verfasser
[81] Einschub durch den Verfasser
[82] [Holz/2000], S. 42
[83] Vgl. [Holz/2000], S. 44
[84] Vgl. [Blum/2016]

Die Medien: Bilder, Grafiken und Texte unter anderem auch Videos und Animationen, werden durch den visuellen Kanal wahrgenommen. Durch Lichteinstrahlungen nimmt der Mensch dabei diese Medien auf und speichert diese im Gehirn ab. Licht ist dabei eine „elektromagnetische Strahlung"[85] die eine Wellenlängen beschrieben werden können. Diese Wellen werden vom Menschen als Farbe interpretiert. Dabei kann „[...] der Mensch max. 350.000 Farbnuancen unterscheiden [...]"[86]. Um diese Farbnuancen beschreiben zu können, wurden Farbmodelle wie das „RGB-Modell", „CMY-Modell" und das „YIQ-Modell" entwickelt.[87]

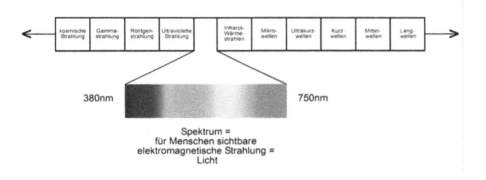

Abbildung 11: Das sichtbare Licht für Menschen
Quelle: [Lehr/o.J.]

In Abbildung 11 ist das sichtbare Licht des Menschen dargestellt. Alles was oberhalb der 750 Nanometern liegt bzw. alles was unterhalb der 380 Nanometern liegt, ist für den Menschen nicht sichtbar und kann daher nicht verarbeitet werden. Dieses Licht wird anschließend vom menschlichen Auge aufgenommen und verarbeitet. Dabei fällt das Licht „[...] durch die Pupille und Linse auf die Netzhaut[...]"[88]. In der Netzhaut wird das Licht von den sogenannten „Zapfen", die für die Farb- und Detailwahrnehmung zuständig ist und von den „Stäbchen", die farbneutral für die Helligkeitswahrnehmung zuständig ist, bearbeitet und mittels „elektrischer Signale"[89] ans Gehirn gesendet.[90] Im Gehirn werden schließlich diese Signale in Informationen umgewandelt.

[85] Vgl. [Henn/2007], S. 76
[86] [Holz/2000], S. 134
[87] Vgl. [Holz/2000], S. 134f
[88] [MeSa/2009], S. 202
[89] Vgl. [Henn/2007], S. 81
[90] Vgl. [MeSa/2009], S. 202

4.2.2 Auditive Wahrnehmung

Die auditive Wahrnehmung findet im menschlichen Ohr statt. Die Musik, das Sprechen, Videoclips mit Tonspuren sowie diverse andere Geräusche und Klänge gelangen mittels Schallwellen ins menschliche Ohr. Das Ohr, welches aus dem Außen- Mittel- und Innenohr besteht, wandelt die Schallwellen in Informationen um. Das Gehirn interpretiert anschließend diese Informationen als Sprache, Töne oder Musik.[91] Der Hörbare Frequenzbereich liegt dabei zwischen 20 und 20.000 Hz bzw. 0,02 kHz und 20 kHz.

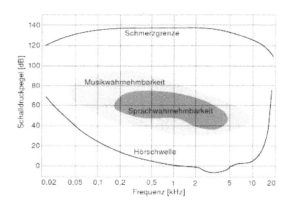

Abbildung 12: Der hörbare Bereich des Menschen
Quelle: [Jung/2010], S. 20

Die Abbildung 12 zeigt den hörbaren Frequenzbereich des Menschen, welches sich mit dem Schalldruckpegel im Verhältnis befindet. Den Schalldruckpegel kann man mit der Lautstärke z. B. mit dem eines Tones, gleichsetzten.[92] Alle Töne und Klänge die unterhalb der Hörschwelle liegen werden vom menschlichen Ohr nicht wahrgenommen und alles was oberhalb der Schmerzgrenze liegt, ist zwar für das Ohr hörbar, wäre wiederrum gesundheitsschädlich. Der normale Hörbereich liegt laut der Abbildung 12 in der Mitte.

5 Multimedia-System

Aufbauend auf dem Kapitel Interaktivität, soll in diesem Kapitel die Integration von Medien beschrieben werden, da die technische Integration neben der benutzerbezogenen Interaktivität eine wichtige Rolle bei MM spielt.

---

[91] Vgl. [Henn/2007], S. 136-138
[92] Vgl. [Jung/2010], S. 20

Mit Hilfe eines Schichtenmodells, soll die Entwicklung eines Medium dargestellt und beschrieben werden, sowie aufbauend darauf, die Video- , Audio- und Gestaltungstechniken erklärt werden. Unter anderem soll die Datenkompression beschrieben werden, da dies für ein MS, sich als wichtig aufweist.

Des Weiteren sollen in diesem Kapitel, die Arten von MA kurz vorgestellt werden sowie Beispiele gezeigt werden.

5.1 Integration

5.1.1 Die Entwicklungsstufen von Multimedia

Aus dem zweiten Kapitel, Multimedia, ging hervor, dass Multimedialität erst dann vorliegt, wenn verschiedene zeitabhängige und zeitunabhängige Medien in einem MS integriert werden. Laut Grob und Bensberg kann man das MS nach deren Komplexität unterscheiden, da es z. B. verschiedene Interaktionsmöglichkeiten aufweisen kann.[93] Anhand eines Schichtenmodells, welches in Abbildung 13 dargestellt wird, sollen einige MSe anhand von Beispielen vorgestellt werden.

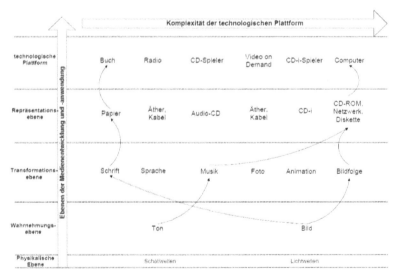

Abbildung 13: Medienentwicklung im Schichtenmodell
Quelle: [GrBe/1995], S. 2

---

[93] Vgl. [GrBe/1995], S. 2f

Das Modell teilt sich dabei in fünf Bereiche ein. Der erste bzw. der zweite Bereich wurde bereits im Kapitel 4 beschrieben. Hier unterscheidet man zwischen den Licht- und Schallwellen, welches als Ausgangsbasis für eine Entwicklung eines Mediums dient. Demnach würde ohne eine Physikalische Ebene keine Medien entstehen können und nichts vom Menschen wahrgenommen werden können. In der Transformationsphase werden die Informationen aus den einzelnen Medien wie z. B. Töne und Bilder codiert.[94] Dies geschieht anhand von verschiedenen Video- und Audiotechniken. Eine Art der Videotechnik wurde bereits im Kapitel 3.3.1 beschrieben z. B. die Erzeugung einer Animation anhand der einzelnen Frames. Im nächsten Bereich müssen die transformierten Medien gespeichert werden. Dies kann z. B. bei einem Video auf einer DVD bzw. CD erfolgen. Die DVD wäre demnach das Speichermedium welches viele Arten von Medien mit deren Informationen beinhalten kann. Nach dem Repräsentationsbereich müssen die in den Speichermedien befindlichen Medien von der technologischen Plattform des Empfängers decodiert werden. Erst dann kann der Empfänger mittels eines Ausgabemediums die Informationen interpretieren.[95]

Die einzelnen Pfeile die im Schichtenmodell gezeichnet wurden zeigen mögliche Entwicklungspfade eines Mediums. Nachfolgend sollen diese Entwicklungspfade anhand zwei Beispiele in Anlehnung an Grob und Bensberg beschrieben werden:[96]

- Integration in einem Computer: Durch die physikalischen Licht- und Schallwellen werden beim Menschen Bilder und Töne wahrgenommen. Die einzelnen Bilder werden in einer folge zusammengefügt und z. B. als Animation auf einer CD codiert und gespeichert. Aus den verschieden Tönen kann z. B. ein Musikstück erstellt werden. Dieses kann in Form einer MP3[97] Datei codiert und auf derselben CD gespeichert werden. Die CD kann schließlich mit einem CD-Laufwerk eines Computers decodiert werden wobei der Mensch durch die Interaktion die einzelnen Medien aufruft. Durch den Bildschirm bzw. durch die Lautsprecher werden die einzelnen Medien ausgeben.

---

[94] Vgl. [GrBe/1995], S. 2
[95] ebda., S. 2
[96] Vgl. [GrBe/1995], S. 2f
[97] Audio-Dateiformat

- Integration in einem Buch: Laut dem Schichtenmodell stellt das MS, Buch, analog zum Computer, eine geringere Komplexität dar. Bilder können mit Texten kombiniert werden und auf einem Papier repräsentiert werden. Das Papier stellt hierbei das Speichermedium dar. Schließlich können die einzelnen Papierstücke in einem einzelnen Buch gebunden werden und dem Empfänger zur Verfügung gestellt werden. Durch das Lesen decodiert der Empfänger die Informationen automatisch.

Laut Grob und Bensberg kann man das Potenzial der Interaktion und der Medienintegration in einem MS messen. Die Autoren behaupten, dass ein Buch demnach einen geringeren Interaktions- und Medienintegrationspotenzial aufweist als ein Computer.[98] Abbildung 14 zeigt einige MSe im Vergleich zu anderen.

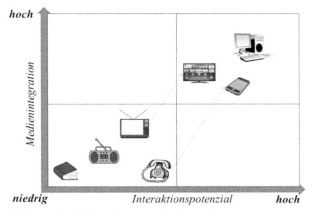

Abbildung 14: Multimedia Systeme im Vergleich
Quelle: Eigene Darstellung in Anlehnung an [GrBe/1995], S. 2

In einem Buch können lediglich Bilder und Texte integriert werden, daher ist das Potenzial auch sehr gering. Das Interaktionspotenzial ist dabei ebenfalls gering, da der Leser, außer das lesen selbst, keine anderen Interaktionsmöglichkeiten hat.[99] In der Abbildung kann man unter anderem erkennen, dass die Systeme, die sich im unteren linken Rechteck befinden, zu den eher historischen Systemen gehören. Erst durch den technologischen Fortschritt, gibt es heutzutage Smartphones, mit dem das Potenzial der Interaktion bzw. der Integration deutlich gestiegen ist.

---

[98] Vgl. [GrBe/1995], S. 6f
[99] Vgl. [GrBe/1995], S. 6

Smartphones sowie andere Endgeräte werden ständig weiterentwickelt, um dieses Potenzial noch weiter zu steigern. Der Fernseher bietet beispielsweise viel mehr Interaktionsmöglichkeiten als früher. Der moderne Smart TV bietet ein Internetzugang sowie andere Interaktion Möglichkeiten wie z. B. die Verbindung und Synchronisation mit mobilen Endgeräten mit dem man beispielsweise Bilder und Videos auf dem Bildschirm des TVs ausgeben lassen kann.[100]

5.1.2 Videotechnik und Audiotechnik

In einem MS werden die einzelnen Medien mittels verschiedener Audio- und Videotechniken integriert. In Kinos werden z. B. intensivere Tonspuren wie das „AC-3"[101] eingesetzt um die Tonwahrnehmung der Kinobesucher zu steigern.[102] Im Gegensatz dazu werden beispielsweise in Wellnesseinrichtungen angenehm leise Tonspuren eingesetzt um das Wohlbefinden der Gäste zu fördern. Die Audiotechnik befasst sich demnach „[...] mit der Verarbeitung akustischer Signale, die durch den Menschen wahrgenommen werden können [...]"[103]. Die Musik wird z. B. durch das „Music Instrument Digital Interface", kurz MIDI, verarbeitet.[104] Unter anderem stellt laut Holzinger „[...] die synthetische und analytische Sprachverarbeitung"[105] neben dem MIDI, einen wichtigen Aspekt für die Audiotechnik dar.[106]

Die Videotechnik hingegen befasst sich mit der Verarbeitung von Videosignalen die in der realen Welt oder in der virtuellen Welt aufgenommen bzw. erstellt wurden.[107] Neben der Aufnahme selbst gehören das Speichern und die Wiedergabe der Filme zu den weiteren Aufgaben der Videotechnik. Im Allgemeinen unterscheidet man zwischen „analoger Videotechnik", kurz AV, und „digitaler Videotechnik", kurz DV.[108] Analoge Videosignale wurden Anfang der 30er Jahre entdeckt und entwickelt. Durch die gewonnenen Kenntnisse der AV, wurde daraufhin die Fernsehtechnik entwickelt.[109] Letztendlich hat sich die AV in dieser Zeit aufgrund der derzeitigen Digitalisierung nicht mehr durchsetzen können. Die AV wurde mit der Zeit quasi „digitalisiert" und in die DV überführt.[110] Die DV hingegen wird heutzutage ständig weiterentwickelt.

[100] Vgl. [Rein/2016]
[101] AC-3 = Dolby Digital Surround, von Dolby Laboratories Inc. entwickelt
[102] Vgl. [Henn/2007], S. 130
[103] [Stein/2000], S. 23
[104] Vgl. [Stein/2000], S. 23
[105] [Holz/2000], S. 74
[106] Vgl. [Holz/2000], S. 74
[107] Vgl. [Stein/2000], S. 87
[108] Vgl. [Holz/2000], S. 183
[109] Vgl. [Henn/2007], S. 179
[110] ebda., S. 183

Eines dieser Entwicklungen ist beispielsweise die Entwicklung von „High Definition TV (HDTV)" zur „Ultra-UHDTV (UHDTV)". Das UHDTV bietet eine größere Framerate sowie eine bessere Auflösung.[111] Demnach gehört zu den Hauptaufgaben der DV, die Übertragung der Videosignale zum Empfänger. Diese werden durch Standards wie z. B. „Phase Alternation Line (PAL)" sowie „National Television Standard Committee (NTSC)", geregelt.[112] Die Integration der Medien bietet zusammen mit der Audio- und Videotechnik eine Grundlage für ein funktionierendes MS.[113]

5.1.3 Mediendesign

Der Begriff „Design" stammt aus dem englischen und heißt übersetzt, die Gestaltung. Demnach beschäftigt sich das Mediendesign mit der Gestaltung der Medien. Laut Hammer wird heutzutage meistens der Begriff Design missbraucht um beispielsweise Kundschaft zu gewinnen.[114] Unternehmen kombinieren ihre Produkte beispielsweise mit dem Begriff Design, um die Aufmerksamkeit bei den Kunden zu erwecken. Eine Gestaltung des Mediums selbst findet dabei nicht statt. Daher kann man nur von Design reden, wenn eine Gestaltung des Mediums stattfindet.[115]

Neben der Audio- und Videotechnik gehört das Mediendesign zu den wichtigsten Bestandteilen von MM. Die Hauptaufgaben von Mediendesign ist die Gestaltung der Medien. Zusätzlich besitzt das Mediendesign „[...] ein [...] komplexes Aufgabengebiet [welches][116] von der Gestaltung von Hardwareinterfaces über Desktop Publishing, Webdesign und E-Learning bis zur Schaffung virtueller Welten [reicht][117]"[118]. Die angewandten Gestaltungstechniken sollen dazu dienen, die Medien attraktiver zu gestalten. Unternehmen nutzen diese Techniken um auf ihre Produkte aufmerksam zu machen. Diese Techniken bzw. Aufgaben werden z. B. von Grafik-Designern übernommen.

[111] Vgl. [Green/2017]
[112] Vgl. [Holz/2000], S. 187
[113] Vgl. [Stein/2000], S. 87
[114] Vgl. [Hamm/2008], S. 22
[115] Vgl. [Hamm/2008], S. 22f
[116] Einschub durch den Verfasser
[117] Einschub durch den Verfasser
[118] [Hamm/2008], S. 27

5.1.4 Datenkompression

Das Wort Kompression stammt aus dem lateinischen „comprimo" und bedeutet zusammendrücken.[119] Demnach werden Daten nach der wörtlichen Übersetzung, zusammengedrückt. Die Kompression wird genutzt um den Speicherplatz in einem MS gering zu halten, da Text- , Bild- , Ton- sowie Videodaten große Datenmengen verursachen können.[120]

Medium	Medienbeschreibung	Speicherplatzbedarf
Einfacher Text	DIN-A4-Seite als einfacher Fließtext	4 kB
Strukturierter Text	DIN-A4-Seite Text mit Markierungen (HTML)	5-6 kB
Computergenerierte Bilder	zweifarbige Bitmap-Grafik von 640*480 Pixel im GIF-Format (= 50% Datenkom-pression)	20 kB
Digitalisierte Bilder	24-Bit Farbtiefe, 640*480 Pixel unkomprimiert Kompression mit JPEG	900 kB 45-90 kB
Sequenzen von Bildern	n Bilder aneinander gereiht z.B. computergenerierte Bilder, Diashow, Folienpräsentation	n*20 kB
Digitalisierte Tonsequenzen	Audio mit 8-Bit, 8 kHz, Mono Audio mit 16-Bit, 44 kHz, Stereo	22 kB/s 172 kB/s
Digitalisiertes Video	25 Bilder/s 320*240 Pixel (MPEG) Fernsehqualität PAL/NTSC (MPEG) HDTV (MPEG)	5,6 MB/s (227 kB/s) 166 MB/s (1,8 MB/s) 1,7 GB/s (7,5 MB/s)

Abbildung 15: Speicherplatzbedarf von Medien
Quelle: [Lehn/2001], S. 59

Wie in Abbildung 15 zu erkennen ist, besitzen Ton- und Videodaten die größten Speicheraufkommen. Je nach Qualität der Daten ändern sich dementsprechend auch die Datengrößen. So ist beispielsweise das Speicheraufkommen bzw. die Datenrate einer PAL-Übertragung geringer als eine HDTV-Übertragung. Damit das System nicht überlastet wird, werden Kompressionsverfahren eingesetzt.

Alle Daten eines Mediums beinhalten „redundante Informationen"[121]. Das sind Daten die nicht unbedingt benötigt werden und daher gelöscht werden können.[122] Durch das Kompressionsverfahren werden die redundanten Daten gelöscht und dadurch kann Speicherplatz gewonnen werden. Im Allgemeinen wird dabei zwischen „verlustfreier" und „verlustbehafteter" Datenkompression unterschieden.[123]

---

[119] Vgl. [Pons/o.J. d]
[120] Vgl. [Stein/2000], S. 113
[121] Vgl. [Lehn/2001], S. 74
[122] Vgl. [Hell/o. J.]
[123] Vgl. [Henn/2007], S. 38f

Im Folgenden werden diese beschrieben:

- Verlustfreie Datenkompression: Diese Art von Kompression wird häufig bei Texten verwendet.[124] Dabei werden keine Daten entfernt, da sonst Fälschungen auftreten können.[125] Die Verlustfreie Kompression komprimiert lediglich die am häufigsten vorkommenden Datenstränge. Hierbei werden bei einem Text beispielsweise die am häufigsten vorkommenden Wörter mit Codes versehen. Dies hat den Vorteil, dass Daten nach einer Codierung, Decodiert werden können.

- Verlustbehaftete Datenkompression: Im Gegensatz zu der Verlustfreien Datenkompression werden bei der Verlustbehafteten Datenkompression, Daten gelöscht. Diese können im Nachhinein nicht wiedererstellt werden. Jedoch kann mit dieser Kompressionsart größere Speichervolumen gewonnen werden.

5.2 Multimediale Anwendungen

5.2.1 Offline Anwendungen

Im Allgemeinen kann man „[…] zwischen Online- und Offline-Medien differenzier[en] […]"[126] welche in diesem und nächsten Kapitel beschrieben werden. Demnach kann man bei MM zwischen Offline- und Online-Anwendungen unterscheiden.

Offline-Medien sind Medien die auf einem Speichermedium, beispielsweise einer CD-ROM gespeichert sind. Dabei findet die Interaktion auf lokalen Systemen statt. Eine Interaktion mit anderen Systemen ist dabei nicht möglich.[127] Der Vorteil von Offline Anwendungen ist, dass große Datenmengen von multimedialen Inhalten auf diversen Speichermedien gespeichert werden können und abgerufen werden können. Diese Inhalte können dabei nicht mehr geändert werden. Dies stellt laut Fröbisch et al. ein Nachteil für Offline Anwendungen dar. [128]

---

[124] Vgl. [Hell/o. J.]
[125] Vgl. [Lehn/2001], S. 75
[126] [Betz/2003], S. 10
[127] Vgl. [FuUn/2007], S. 322
[128] Vgl. [FrLi/1997], S. 23

5.2.2 Online Anwendungen

Im Gegensatz zu den Offline-Anwendungen findet die Interaktion bei Online Anwendungen auf mehreren Systemen statt. Der Kommunikationsaustausch zwischen den Nutzern erfolgt dabei innerhalb dieser Systeme.[129] Das am meisten genutzte Online Kommunikationsnetz ist das Internet bzw. das WWW.[130] Dabei findet die Kommunikation auf Nicht-Öffentlicher-Ebene, wie beispielsweise das Intranet oder auf der Öffentlichen-Ebene, der für jedermann zugänglich ist, statt.[131] Der Vorteil von Online-Anwendungen ist, dass der Informationsgehalt der Medien aktualisiert werden kann. Dabei ist der Nachteil, dass durch diese Aktualisierungsmaßnahmen hohe Kosten verursacht werden können, da das Datenvolumen der Medien hoch sein kann.[132]

Laut einer Onlinestudie der ARD und ZDF, aus dem Jahr 2017, benutzen 89,8 % der deutschen Mitbürger, ab einem Alter von 14 Jahren, das Internet.[133] Laut dieser Studie behaupten die Autoren, dass „[n]eun von zehn Deutschen [...]"[134] das Internet benutzen. Die Internetnutzung steigt von Jahr zu Jahr an. Dies wird unter anderem in Abbildung 16 deutlich. Hauptursachen für diesen Anstieg waren laut der Studie, die vielseitigen Streaming Angebote für Audio- und Videoinhalte, die beispielsweise von Netflix und Amazon angeboten werden.[135]

	1997	2000	2003	2006	2009	2012	2013	2014	2015	2016	2017*
in Prozent	6,5	28,6	53,5	59,5	67,1	75,9	77,2	79,1	79,5	83,8	89,3
in Mio.	4,1	18,3	34.4	38,6	43,5	53,4	54,2	55,6	56,1	58,0	62,4
Zuwachs gegenüber dem Vorjahr in Prozent	-	364,2	88.0	12,2	12,7	22,8	1,5	2,6	0,9	3,4	7,7

Abbildung 16: Die Onlineaktivität in Deutschland
Quelle: [ArdZ/o.J.]

Unter anderem kam bei der Studie heraus, dass bei einer täglichen Internetnutzung, 75 % für die „[...] Mediennutzung aufgewendet"[136] wurde. Dieses Ergebnis variiert dabei je nach Altersgruppe, wobei die jüngere Generation das Internet öfter als die ältere Generation benutzt.[137]

---

[129] Vgl. [FuUn/2007], S. 323
[130] ebda. S. 323
[131] Vgl. [FrLi/1997], S. 24f
[132] Vgl. [FrLi/1997], S. 22
[133] Vgl. [o.V./2017]
[134] [o.V./2017]
[135] Vgl. [o.V./2017]
[136] [o.V./2017]
[137] Vgl. [o.V./2017]

Neben der Offline- und Online-Anwendungen gibt es zusätzlich die Hybride Anwendung, welches die Vorteile beider Anwendungen nutzen soll.[138] Hier werden beispielsweise Offline Speichermedien genutzt, die mit einer Online Anbindung Daten-Aktualisierungen zulassen.[139]

5.2.3 Anwendungsbeispiele

Wie in den vorherigen Kapiteln hervorgegangen ist, umfasst MM ein breites Spektrum. In der heutigen Gesellschaft werden daher viele MM-Anwendungen angeboten. In diesem Kapitel soll daher einige Beispiele beschrieben werden.

Eines der Anwendungsbereiche ist der Bildungsbereich. Auch hier macht sich die Digitalisierung bemerkbar. Bei einer Bitkom Befragung wurden „[...] 512 Schüler zwischen 14 und 19 Jahren befragt"[140], welche Lernmittel sie in der Freizeit benutzen würden. Mehr als die Hälfte gaben an, dass sie digitale Medien bevorzugen.[141] In Abbildung 17 wird dies deutlicher.

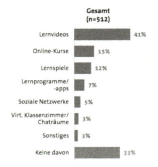

Abbildung 17: Lernmittel für Schüler
Quelle: [Bitk/2015], S. 56

In den Schulen selbst lässt dies zu wünschen übrig. Laut der Befragung gaben 85 % der Befragten an, dass Printmedien wie Fotokopien, derzeit noch oft verwendet wird. Digitale Medien hingegen 25 %.[142] Aus diesem Grund versprach laut Munzinger und der Süddeutschen Zeitung, die Bundesbildungsministerin Johanna Wanka, den Bildungssektor mit einem 5 Milliarden Paket aufzustocken.

---

[138] Vgl. [FrLi/1997], S. 23
[139] Vgl. [FuUn/2007], S. 324
[140] [Bitk/2015], S. 3
[141] Vgl. [Bitk/2015], S. 56
[142] Vgl. [Bitk/2015], S. 24

Dieses Paket soll über die Jahre verteilt werden, um die technische Infrastruktur innerhalb der Schulen zu verbessern.[143] Somit würden digitale Medien häufiger zum Einsatz kommen.

Aus dem Kapitel 4.2 ging hervor, dass ein MS verschiedene Sinneskanäle des Menschen aktivieren und somit die Aufmerksamkeit des Menschen steigern kann. Der deutsche Biochemiker Frederic Vesper behauptet: „Je mehr Arten der Erklärung angeboten werden, je mehr Kanäle der Wahrnehmung benutzt werden [...], desto fester wird das Wissen gespeichert, desto vielfältiger wird es verankert und auch verstanden[...]"[144] Somit könnte anhand eines MM-Systems z. B. das Lernen gefördert bzw. optimiert werden, da verschiedene Gehirnregionen angesprochen werden.[145]

Auch andere Branchen nutzten MM-Anwendungen. Die meisten Unternehmen haben eine entsprechende Marketing Abteilung, die für die Vermarktung der Produkte bzw. Dienstleistungen zuständig ist. Medien werden für Werbezwecke eingesetzt die beispielsweise im Fernseher ausgestrahlt werden. Unternehmen die in einem Markt ähnliche Produkte bzw. Dienstleistungen anbieten unterscheiden sich kaum. Laut Fries kann man mit einer effektiven Mediengestaltung auf die eigenen Produkte aufmerksam machen.[146] Wurde diese Aufmerksamkeit erreicht, kann die Mediengestaltung einen großen Beitrag zum Erfolg des Unternehmens beitragen.[147] Demnach kann mit einer guten Mediengestaltung, Werbung für ein Produkt durchgeführt werden. Grafik Designer können beispielsweise mit der Gestaltung eines Produktes „[...] das physische und psychische Wohlbefinden des Menschen befriedigen"[148].

In privaten Haushalten gehören MM-Anwendungen zur täglichen Ordnung. Durch das Internet bzw. WWW ist eine MM-Anwendung unabhängig von Zeit und Ort, für jeden verfügbar. Bei einer Agof Befragung wurden 104.885 deutsche Bürger über MM-Anwendung befragt. 92,9 % der Befragten nutzten das Internet für Suchmaschinen und 86 % für die Kommunikation via E-Mails gefolgt von Online Shopping und Online Banking sowie die Sozialen Netzwerke wie das Video Streaming.[149]

---

[143] Vgl. [Munz/2017]
[144] [Vest/1998], S. 51
[145] Vgl. [FrLi/1997], S. 15
[146] Vgl. [Fries/2016], S. 12
[147] ebda., S. 12
[148] [Hamm/2008], S. 35
[149] Vgl. [Agof/2017], S. 10

6 Fazit

In der Literatur bzw. im allgemeinen Sprachgebrauch ist die Begrifflichkeit sowie die Definition von MM vielseitig. Daher muss man diesen Begriff auf verschiedene MM-Bereiche differenzieren um die Bedeutung für spezielle MM-Thematiken zu verstehen.

Der Markt im MM-Bereich bietet eine Vielzahl von verschiedenen Endgeräten an, dabei kann man laut Reinhardt sogar den Überblick verlieren.[150] Heutzutage werden viele Endgeräte angeboten die den Zugang zum Internet ermöglichen. Viele dieser Geräte werden unter anderem weiterentwickelt und bieten dadurch vielseitigere Interaktionsmöglichkeiten.

Durch das Internet wurde die Tür für Massenmedien für die Öffentlichkeit geöffnet. Man muss sich mit Medien auseinander setzten um die richtigen Informationen, die die Medien beinhalten, herauszufiltern. Durch diese Filterung kann Wissen erfolgreich generiert werden. Die Arbeit zeigte, dass Medien die Emotionen des Menschen positiv oder negativ beeinflussen können. Durch eine geschickte Kombination von zeitabhängigen und unabhängigen Medien wirkt sich die Wahrnehmung positiv auf den Menschen aus. Ein einzelnes statisches Medium wie beispielsweise ein langer Text ohne Bilder, würde sich demnach negativ auswirken. Daher ist die Gestaltung bzw. das Design der Medien und die angewandten Techniken wie beispielsweise die Audio- und Videotechniken in einem MS für den positiven Einfluss auschlaggebend.

Studien, die unter anderem auch in dieser Arbeit genannt wurden, haben belegt, dass die private Internetnutzung ständig sich im Wachstum befindet. In verschiedenen Branchen findet MM Verwendung. Das Lernen kann durch MM gefördert werden sowie Produkte und Dienstleistungen können durch die Hilfe von MM besser vermarktet werden. Die Arbeit zeigte, dass MM ein positives Nutzen für den privaten und für den geschäftlichen Bereich gebracht hat. Dank der Digitalisierung sowie durch den Anstieg von Big Data wird MM in Laufe der Zeit noch mehr an Bedeutung dazu gewinnen.

---

[150] Vgl. [Rein/2016]

Literaturverzeichnis

A.

[Agof/2017]   o.V.: AGOF - Onlinenutzung - digital facts 2017-03, online abrufbar unter: URL: https://www.agof.de/download/Downloads_digital_facts/Downloads_Digital_Facts_201 7/Downloads_Digital_Facts_2017-03/03-2017_df_Grafiken_digital%20facts%202017-03.pdf?x74949 [Stand: 12.11.2017]

[ArdZ/o.J.]   o.V.: ARD-ZDF-Onlinestudie - Onlinenutzung - Entwicklung der Onlinenutzung in Deutschland 1997 bis 2017, online abrufbar unter: URL: http://www.ard-zdf-onlinestudie.de/onlinenutzung/entwicklung-der-onlinenutzung/ [Stand: 10.11.2017]

B.

[Bage/2010]   Bagehorn, Stefan: 3. Mediennutzung 3.2. Medienwelt: Internet, online abrufbar unter: URL: http://www.br.de/fernsehen/ard-alpha/sendungen/grundkurs-deutsch/grundkurs-deutsch-folge-3-mediennutzung102.html [Stand: 24.10.2017]

[BaKe/2014]   Bachmann, Ronald; Kemper, Guido; Gerzer, Thomas: Big Data – Fluch oder Segen? – Unternehmen im Spiegel gesellschaftlichen Wandels, Heidelberg u.a.: mitp, 2014

[Beck/2013]   Becker, Jörg: Die Digitalisierung von Medien und Kultur, Wiesbaden: Springer-Verlag, 2013

[Betz/2003]   Kraft, Manfred (Hrsg.); Betz, Jürgen: Die Akzeptanz des E-Commerce in der Automobilwirtschaft – Ausmaß, Konsequenzen und Determinanten aus der Sicht von Neuwagenkäufern, Wiesbaden: DUV, 2003

[Bitk/2012]   o.V: BITKOM Bundesverband Informationswirtschaft, Telekommunikation und neue Medien e. V - Big Data im Praxiseinsatz – Szenarien, Beispiele, Effekte, online abrufbar unter: URL: https://www.bitkom.org/noindex/Publikationen/2012/Leitfaden/Leitfaden-Big-Data-im-Praxiseinsatz-Szenarien-Beispiele-Effekte/BITKOM-LF-big-data-2012-online1.pdf [Stand: 26.10.2017]

[Bitk/2015]   o.V: BITKOM Bundesverband Informationswirtschaft, Telekommunikation und neue Medien e. V - Digitale Schule – vernetztes Lernen - Ergebnisse repräsentativer Schüler- und Lehrerbefragungen zum Einsatz digitaler Medien im Schulunterricht, online abrufbar unter: URL: https://www.bitkom.org/noindex/Publikationen/2015/Studien/Digitale-SchulevernetztesLernen/BITKOM-Studie-Digitale-Schule-2015.pdf [Stand: 26.10.2017]

[Blum/2016]   Blum, Florian: Grenzenlose Mensch-Maschine-Kommunikation?, online abrufbar unter: URL: https://www.ke-next.de/panorama/grenzenlose-mensch-maschine-kommunikation-381.html [Stand: 31.10.2017]

[BüSc/2013]   Bühler, Peter; Schlaich, Patrick: Präsentieren in Schule, Studium und Beruf, 2., überarbeitete und erweiterte Auflage, Berlin u.a.: Springer Verlag, 2013

D.

[Dude/o.J.]   o.V.: Duden – Das Wort Medium, online abrufbar unter: URL: https://www.duden.de/rechtschreibung/Medium_Vermittler_Traeger   [Stand: 24.10.2017]

E.

[Eden/o.J.]   o.V.: Eden.One – Die Geschichte des Internet, online abrufbar unter: URL: https://eden.one/die-geschichte-des-internet [Stand: 26.10.2017]

F.

[Fale/2017]   Falenczyk, Tanya: Digitales Klassenzimmer - Auf die lange Bank geschoben, online abrufbar unter: URL: http://www.taz.de/!5441962/ [Stand: 23.10.2017]

[FiKr/2016]   Fischer, Florian (Hrsg.); Krämer, Alexander (Hrsg.); Aust, Violetta: eHealth: Hintergrund und Begriffsbestimmung, in Fischer, Florian (Hrsg.); Krämer, Alexander (Hrsg.) u.a.: eHealth in Deutschland Anforderungen und Potenziale innovativer Versorgungsstrukturen, Heidelberg: Springer-Verlag, 2016

[Fries/2016]   Schmidt, Ulrich (Hrsg.); Fries, Christian: Grundlagen der Mediengestaltung: Konzeption, Ideenfindung, Bildaufbau, Farbe, Typografie, Interface Design, 5., neu bearbeitete Auflage, München: Hanser, 2016

[FrLi/1997]   Fröbisch, Dieter K.; Lindner, Holger; Steffen, Thomas: Multimediadesign – Das Handbuch zur Gestaltung interaktiver Medien, München: Laterna magica Verlag, 1997

[FuUn/2007]   Fuchs, Wolfgang; Unger, Fritz: Management der Marketing-Kommunikation, 4., aktualisierte und verbesserte Auflage, Heidelberg u.a.: Springer Verlag, 2007

G.

[GrBe/1995]   Grob, Heinz Lothar; Bensberg, Frank: Multimedia, online abrufbar unter: URL: https://miami.uni-muenster.de/Record/fa6eb9d3-0aa4-4156-807e-9bb2e242b456 [Stand: 23.10.2017]

[Green/2017]   Greenwald, Will: What Is 4K (Ultra HD) ?, online abrufbar unter: URL: http://uk.pcmag.com/tv-home-theaters/11619/news/what-is-4k-ultra-hd [Stand: 03.11.2017]

H.

[Hama/2008]   Hamann, Götz: Von Buchdruck bis Browser Eine kleine Geschichte der Massenmedien in Stichworten, online abrufbar unter: URL: http://www.zeit.de/2008/40/OdE49-Medien-Stichworte [Stand: 23.10.2017]

[Hamm/2008]   Hammer, Norbert: Mediendesign für Studium und Beruf: Grundlagenwissen und Entwurfssystematik in Layout, Typografie und Farbgestaltung, Berlin, Heidelberg: Springer Verlag, 2008

[Hart/2008]   Hartmann, Frank: Multimedia, Wien: Facultas Verlags und Buchhandels AG, 2008

[Hell/o. J.]   Helling, Patrick: Datenkompression – verlustfrei oder verlustbehaftet, online abrufbar unter: URL: https://www.netzorange.de/it-ratgeber/datenkompression-verlustfrei-oder-verlustbehaftet/ [Stand: 08.11.2017]

[Henn/2007]   Henning, Peter A.: Taschenbuch Multimedia, 4., aktualisierte Auflage, Leipzig: Hanser Verlag, 2007

[Holz/2000]   Holzinger, Andreas: Basiswissen Multimedia – Band 1: Technik, Würzburg: Vogel Verlag, 2000

I.

[ISO/1997]   o.V.: ISO/IEC 13522-1 - Information technology — Coding of multimedia and hypermedia information — Part 1: MHEG object representation — Base notation (ASN.1), online abrufbar unter: URL: https://www.iso.org/obp/ui/#iso:std:iso-iec:13522:-1:ed-1:v1:en [Stand: 25.10.2017]

J.

[Jung/2010]   Junge, Stefan: Entwicklung und Charakterisierung von Mikrofonen in Siliziumtechnologie mit Metallmembran, Berlin: Logos Verlag, 2010

K.

[Kien/2017]   Kienböck, Rainer: Versuchskaninchen: Andorra fungiert als „living lab" für Stadtentwickler, online abrufbar unter: URL: https://www.futurezone.de/science/article212267395/Versuchskaninchen-Andorra-fungiert-als-living-lab-fuer-Stadtentwickler.html [Stand: 26.10.2017]

L.

[Lehn/2001]   Lehner, Franz: Einführung in Multimedia Grundlagen, Technologien und Anwendungsbeispiele, Wiesbaden: Gabler Verlag, 2001

[Lehr/o.J.]   o.V.: Lehrerinnenfortbildung Baden-Württemberg Licht als Welle (Wellenmodell) Elektromagnetische Wellen, online abrufbar unter: URL: https://lehrerfortbildung-bw.de/st_digital/medienkompetenz/gestaltung-farbe/physik/welle/spektrum.html?menu=0 [Stand: 01.11.2017]

M.

[MeSa/2009]   Meinel, Christoph; Sack, Harald: Digitale Kommunikation Vernetzen, Multimedia, Sicherheit, Heidelberg u.a.: Springer Verlag, 2009

[MTKM/2009]   o.V.: MTKM – Aspen Moviemap, Google Street View, Viewfinder, online abrufbar unter: URL: http://artelectronicmedia.com/artwork/aspen-moviemap-google-street-view-viewfinder [Stand: 26.10.2017]

[Mose/2010]   Moser, Heinz: Einführung in die Medienpädagogik Aufwachsen im Medienzeitalter, 5., durchgesehene und erweiterte Auflage, Wiesbaden: VS Verlag für Sozialwissenschaften, 2010

[Munz/2017]   Munziger, Paul: Hat Wanka den Schulen zu viel Geld versprochen?, online abrufbar unter: URL: http://www.sueddeutsche.de/bildung/digitalisierung-in-der-schule-hat-wanka-den-schulen-zu-viel-geld-versprochen-1.3620868 [Stand: 10.11.2017]

[Münz/2009]   Münz, Stefan: Vannevar Bush - Memex, online abrufbar unter: URL: http://webkompetenz.wikidot.com/hypertext:2-1 [Stand: 23.10.2017]

N.

[Naim/2013]   Naimark, Michael: Karlsruhe Moviemap, In: Serexhe, Bernhard (Hrsg.): Digital Art Conservation, Wien: Ambra V, 2013

[Netz/o.J.]   o.V.: Netzwerke - Übertragungsmedien, online abrufbar unter: URL: https://www.netzwerke.com/Uebertragungsmedien-Netzwerk.htm   [Stand: 25.10.2017]

[Nort/2011]   North,   Klaus: Wissensorientierte   Unternehmensführung Wertschöpfung durch Wissen, 5., aktualisierte und erweiterte Auflage, Wiesbaden: Gabler Verlag, 2011

O.

[o.V./2017]   o.V.: ARD/ZDF-Onlinestudie 2017 – Pressemitteilung Ergebnisse aus der Studienreihe „Medien und ihr Publikum" (MiP), online abrufbar unter: URL: http://www.ard-zdf-onlinestudie.de/files/2017/Artikel/PM_ARD-ZDF-Onlinestudie_2017.pdf [Stand: 10.11.2017]

P.

[Pons/o.J. a]   o.V.: Pons – Das Wort Multus, online abrufbar unter: URL: https://de.pons.com/%C3%BCbersetzung/latein-deutsch/multus [Stand: 24.10.2017]

[Pons/o.J. b]   o.V.: Pons – Das Wort Animare, online abrufbar unter: URL: https://de.pons.com/%C3%BCbersetzung/latein-deutsch/animare [Stand: 30.10.2017]

[Pons/o.J. c]   o.V.: Pons – Das Wort Audire, online abrufbar unter: URL: https://de.pons.com/%C3%BCbersetzung/latein-deutsch/animare [Stand: 30.10.2017]

[Pons/o.J. d]   o.V.: Pons – Das Wort Comprimo, online abrufbar unter: URL: https://de.pons.com/%C3%BCbersetzung/latein-deutsch/comprimere   [Stand: 05.11.2017]

[Püre/2014]   Pürer, Heinz: Publizistik- und Kommunikationswissenschaft, 2., völlig überarbeitete und erweiterte Auflage, Konstanz u.a.: UVK, 2014

R.

[Rein/2016]   Reinhardt, Andre: Überblick zur vernetzten Welt: Diese smarten Endgeräte gibt es, online abrufbar unter: URL: https://www.teltarif.de/smarte-endgeraete-uebersicht/news/65626.html [Stand: 02.11.2017]

S.

[Shan/1948]   Shannon, Claude-Elwood: A Mathematical Theory of Communication. The Bell System Technical Journal 27, 379–423, 1948

[ShWe/1949]   Shannon, Claude-Elwood, Weaver, Warren: The Mathematical Theory of Communication. University of Illinois Press, Urbana, Illinois, 1949

[Stat/2012]   o.V.:   Statista   Das   Statistik   Portal   -Welche Kommunikationskanäle nutzen Sie täglich zur privaten bzw. geschäftlichen Kommunikation   ?,   online   abrufbar   unter: URL: https://de.statista.com/statistik/daten/studie/5612/umfrage/meistgenutzte-kommunikationskanaele-im-internet/ [Stand: 24.10.2017]

[Stein/2000]   Steinmetz, Ralf: Multimedia-Technologie: Grundlagen, Komponenten und Systeme, 3., überarbeitete Auflage, Berlin u.a.: Springer Verlag, 2000

V.

[Vann/1945]   Vannever, Bush: As We May Think. In: Atlantic Monthly, online abrufbar unter: URL: https://www.w3.org/History/1945/vbush/vbush-all.shtml [Stand: 23.10.2017]

[Vest/1998]   Vester, Frederic: Denken, Lernen, Vergessen: Was geht in unserem Kopf vor, wie lernt das Gehirn, und wann lässt es uns im Stich?, 25. Auflage, Münschen.: Dtv, 1998

W.

[Wa++/1969]   Watzlawick, Paul; Beavin, Janet H.; Jackson, Don D.: Menschliche Kommunikation, Wien u.a. 1969

[Wege/1991]   Wegener, Klaus-Meyer: Multimedia-Datenbanken – Einsatz von Datenbanktechnik in Multimedia-Systemen, Wiesbaden: Springer-Verlag, 1991

[Wool/1992]   Woolley, Benjamin; Herbst, Gabriele (aus d. engl. Übersetzt): Benjamin Woolley – Die Wirklichkeiten der virtuellen Welten, Basel: Springer Basel AG, 1994

Y.

[Youn/2010]   Young, David: Past – Aspen Movie Map, online abrufbar unter: URL: http://www.inventinginteractive.com/2010/03/18/aspen-movie-map/   [Stand: 26.10.2017]

BEI GRIN MACHT SICH IHR WISSEN BEZAHLT

- Wir veröffentlichen Ihre Hausarbeit,
  Bachelor- und Masterarbeit

- Ihr eigenes eBook und Buch -
  weltweit in allen wichtigen Shops

- Verdienen Sie an jedem Verkauf

Jetzt bei www.GRIN.com hochladen
und kostenlos publizieren